상권 분석과 AI

인공지능총서

인공지능 시대입니다. 기계가 인간의 인지를 대신하고, 사물이 인간을 통하지 않고 다른 사물과 직접 커뮤니케이션합니다. 이에 따른 인간 삶과 문명 변화를 정확히 이해·예측·대응하는 것은 이 시대 우리 모두의 과제입니다. 인공지능총서는 인공지능 기술과 환경의 여러 주제를 10가지 키워드로 정리합니다. 관련 개념과 이론, 학계와 산업계의 쟁점, 우리 일상의 변화를 다룹니다. 인간과 기술의 현재, 미래를 세심히 분석합니다.

일러두기

- 인명, 작품명, 저서명, 개념어 등은 한글과 함께 괄호 안에 해당 국가의 원어를 병기했습니다. 다만 '딥러닝', '딥마인드', '딥페이크' 등은 관행을 따랐습니다.
- 외래어 표기는 현행 어문규정의 외래어표기법을 따랐습니다.

처음이세요?

전문가세요?

상권 분석과 AI

구름

대한민국, 서울, 커뮤니케이션북스, 2024

상권 분석과 AI

지은이 구 름
펴낸이 박영률

초판 1쇄 펴낸날 2024년 7월 19일

커뮤니케이션북스(주)
출판 등록 2007년 8월 17일 제313-2007-000166호
02880 서울시 성북구 성북로 5-11
전화(02) 7474 001, 팩스(02) 736 5047
commbooks@commbooks.com
www.commbooks.com

ISBN 979-11-288-9051-2 03500

책값은 뒤표지에 표시되어 있습니다.

차례

상권 분석과 인공지능의 만남

데이터로 보는 상권

2022년 소상공인 실태조사에 따르면 전국 사업체 수가 412만 개에 달한다. 2024년 기준 카드사의 전국 가맹점 수도 336만이다. 이 중 개인 과세 사업자가 252만, 개인 면세사업자가 45만으로 개인사업자 비중이 88%를 차지한다. 전 국민의 5.7%에 해당하는 상당한 규모다.

2023년 카드 매출 기준으로 전국 개인사업자 매출액은 연 856조 원이다. 이는 국내 총생산 2,200조 원 대비 39%에 달하는 상당한 규모다. 따라서 5,200만 국민을 대상으로 개인사업자들이 연 1,600만 원씩의 매출을 발생시켜야 한다.

한 달마다 생겨나는 개인사업자도 평균 3만 개 수준으로 1%씩 개업하고 폐업하기를 반복한다. 자영업자 1명이 창업에 사용하는 비용이 대출을 포함해 평균 8,500만 원이라고 하니 한 달에 2조 5,000만 원씩의 창업 비용이 발생한다.

일반적으로 소상공인은 지역 상권을 기반으로 매출을

발생시킨다. 초기 투입 비용이 크고 이전 비용도 높아서 사전에 상권을 정밀하게 분석하고 점포 개설 결정을 내려야 한다. 특히 최근에는 상권의 변화도 빠르고 사람들의 소비 성향도 빠르게 변하기 때문에 데이터를 기반으로 한 객관적인 상권 분석 기술의 확산이 필요하다.

상권 분석 기술 현황

국내에는 다양한 상권 분석 플랫폼을 공공기관과 지자체에서 제공하고 있다. 손쉽게 원하는 지역의 정보를 수집하고 분석할 수 있고, 카드사와 핀테크 등 민간 기업을 통해서 정교한 상권 분석 결과를 받아 볼 수도 있다.

그러나 플랫폼을 통해 제공되는 정보들은 대부분 공급자의 의도에 맞춰진 데이터이기 때문에 정확하게 내가 원하는 브랜드와 업종에 맞는 상권을 분석하기 어렵다. 또한 최근 수많은 데이터가 시장에 쏟아져 나오면서 내가 분석하고자 하는 브랜드와 업종에 딱 맞는 데이터를 구하고 분석하기 더욱 힘들어지고 있다. 데이터의 범람이 득이 되기보다는 과잉 정보로 인한 혼란을 가중시키는 상황이다.

상권 분석을 위해서는 시장과 매출에 대한 정보뿐 아니라 지역 상권을 이해하기 위한 공간 정보도 필요하다.

공간 정보는 단순히 위치 정보를 담고 있는 좌표뿐 아니라 접근 편의성 등 다양한 의미를 담고 있다. 가령 편의점을 방문하는 배후지 거주 인구를 산정하기 위해서는 도로의 연결성과 함께 경사도, 인도와 차도의 구분 등 실제 접근성을 수치화해 분석할 필요가 있다. 우리 집 근처에 편의점이 있는데 하나는 내리막에 위치하고 하나는 오르막에 있다면 어느 편의점을 선택할지 이를 공간 분석 기술로 수치화할 필요가 있다. 또한 출퇴근 경로에 있는 매장과 반대쪽에 위치한 매장도 접근성 및 친밀도 차원에서 공간 분석이 반드시 필요한 내용이다.

공간 정보 분석 기술은 빅데이터 기술과 하드웨어의 발전으로 과거에 비해 혁신적으로 빨라졌으며 오픈소스를 통해 저렴하게 활용할 수 있게 되었다.

가장 중요한 매출과 소비자 정보도 이제 카드사와 신용평가사 등 민간 기업들의 데이터 판매로 손쉽게 데이터를 확보할 수 있게 되었다. 이제 민간데이터 구매를 통해 전국 360만 개 가맹점들의 매출 정보를 확보할 수 있고, 각 업종별, 브랜드 수준별로 지역에 따라, 배후지 환경에 따라 매출이 월별로 어떻게 발생하는지, 연령대별로 어떻게 다른지를 파악할 수 있다.

이러한 데이터 시장의 변화는 개인 맞춤형 상권 분석

이 가능한 환경을 만들고 있다. 상권 분석의 목적은 창업을 하기 전 시장을 정확히 이해하고 위험을 줄이기 위함이다. 민간데이터를 적극적으로 활용하면 내가 창업하려는 브랜드와 유사한 수준의 상점들이 얼마나 매출을 내는지 구체적으로 파악하고 다양한 시뮬레이션을 통해 더 좋은 입지와 시장을 찾아낼 수 있다.

물론 데이터가 늘어난다고 무조건 좋은 것은 아니다. 데이터가 많아지면 이를 분석하는 과정에서 많은 오류가 발생하게 되고 알고리즘에 따라 오히려 성능 저하가 발생하기도 한다. 그러나 최근에는 인공신경망이라는 알고리즘이 이러한 문제를 대부분 해결해 다양한 분야에서 빠르게 확산되고 있다. 상권 분석 분야에서도 딥러닝 알고리즘을 통해 복잡한 상권 분석 문제를 해결할 수 있다.

이 책에서는 상권 분석에 필요한 기술들의 발전 현황과 시장에서 개방되는 다양한 데이터들을 검토하고, 실제 현장에서 데이터와 인공지능을 이용한 상권 분석 기술을 도입해 활용하기 위해 고려해야 할 다양한 문제들에 대해 다루어 보고자 한다.

이 책의 구성

1장에서는 대용량 데이터를 이용하는 빅데이터 기술의 발전 역사와 메커니즘을 중심으로 서술해 빅데이터 기술을 담백하게 이해하도록 했다. 이 장을 통해 추상적으로 이해했던 빅데이터 기술에 대해서 구체적으로 이해하고 상권 분석에 활용하는 방안을 상상해 보길 바란다.

2장에서는 국내에 개방된 다양한 공공, 민간 데이터에 대해서 자세히 설명하고 상권 분석에서 반드시 사용해야 하는 데이터들을 구체적으로 살펴본다. 각각의 데이터가 가지는 특징과 한계점을 바탕으로 인공지능 상권 분석에 활용할 데이터를 파악해 보고자 한다.

3장에서는 컴퓨터의 발전으로 만들어진 기계학습 기술에 대해서 설명하고 기계학습의 특징과 발전 역사를 알아본다. 데이터와 컴퓨팅 기술을 통해 데이터로부터 인사이트를 도출하는 다양한 기술의 발전과 변화를 이해하고자 한다.

4장에서는 많은 데이터마이닝 기술 중에서 압도적인 성능으로 독보적인 위치에 오른 인공신경망 기술의 오랜 연구의 역사와 두 번의 겨울을 거친 과정을 설명한다. 마지막 겨울을 지나 딥러닝 시대를 열게 된 과정과 딥러닝을 통해 다양한 분야로 확장된 인공신경망 기술과 상권 분석의 활용 방안에 대해 고민해 보았다.

5장에서는 생성형 알고리즘이라 불리는 딥러닝 기술들에 대해서 다루고 최근 활용 사례들을 바탕으로 상권 분석에서 생성형 AI의 역할과 발전 방향을 제시했다.

6장에서는 본격적으로 상권 분석에서 빅데이터와 인공지능을 활용하기 위해 분석 모형을 어떻게 설계하면 되는지를 제시한다. 전통적인 상권의 개념과 인공지능 기술에서 바라보는 학습 모형의 차이를 설명하고 데이터를 활용해 학습 가능한 상권 분석 모형을 제시한다.

7장에서는 모형의 핵심 학습 목표를 설명한다. 인공신경망은 대표적인 감독 학습 방식으로 가중치들이 목푯값을 잘 예측하도록 학습하는 경사하강법을 이용하고 있다. 따라서 모형의 목푯값을 무엇으로 설정하느냐에 따라 전혀 다른 인공지능 알고리즘이 만들어진다. 이에 대해 자세히 다룬다.

8장에서는 현재 국내에 공급되는 데이터들의 한계를 상권 분석 관점에서 자세히 살펴보고 데이터가 가지는 한계로 인해 도달 가능한 범위를 한정한다. 인공지능 상권 분석의 발전을 위한 데이터의 발전 방향을 제시한다.

9장에서는 기존 상권 분석 전문 인력들이 인공지능 기술을 활용하거나 협업하기 위해 필요한 교육에 대해 이야기한다. 데이터 리터러시는 데이터와 인공지능 기술에 대한 문해력을 의미하며 문해력이 높은 인력이 기술과의 협업과 활용이 수월하다는 관점에서 인공지능 상권 분석이 시장에 안착하기 위해 필요한 사회적 비용에 대해 설명한다.

10장에서는 앞서 제시한 문제점들이 해결되면 오프라인 상권이 온라인 서비스에 가깝게 발전할 수 있다는 관점에서 미래상을 제시하며 마친다.

01
빅데이터 기술

상권 분석을 위해서는 빅데이터의 활용이 반드시 필요하다. 이제 익숙한 용어가 되었지만 아직 구체적으로 이해하기 어려운 기술이 빅데이터다. 빅데이터 기술이 상권 분석에 미치는 영향을 파악해 본다.

AI와 1인 창업?

빅데이터 기술의 등장

1990년대 인터넷의 발전은 전 세계적인 돌풍을 일으키며 수많은 웹사이트와 인터넷 서비스를 탄생시켰다. 인터넷의 발전은 데이터를 빠르게 증가시켰고 많은 기업들이 한정된 저장 공간에 남겨 둘 데이터를 선택하기 위해 고심했다. 사용자 정보, 구매 이력과 같은 중요한 정보를 남기기 위해 사용자 접속 로그, 과거 문의 정보 등을 삭제하면서 버려 냈다.

저장 공간의 한계는 단순히 하드웨어적인 문제뿐 아니라 소프트웨어적인 문제도 함께 안고 있었다. 즉 정보를 손쉽게 저장하고 찾아내며 활용할 수 있는 데이터베이스 시스템은 태생적으로 데이터의 양이 늘어나면 늘어날수록 고가의 장비를 필요로 했다. 즉 데이터의 양과 처리 비용이 지수함수 그래프의 관계를 가진다.

많은 기업들이 데이터 문제를 해결하기 위해 노력했으나 쉽게 확산되지 않았다. 2003년 당시 웹서버와 웹 검색 기술을 오픈소스로 공개한 아파치 재단에서 이 문제를 해결하기 위해 나섰다.

소프트웨어 분야의 혁신적인 발전은 개발된 코드를 모두 공개해 누구나 사용 가능하게 하는 공개 기술인 오픈소스에 의해서 대부분 이루어져 왔다. 아파치 재단은

2003년 10월과 2004년 12월 구글에서 공개한 두 논문 "구글 파일 시스템(Google File System)"과 "맵리듀스(MapReduce)"를 이용해 대용량 데이터를 처리할 수 있는 오픈소스 하둡(Hadoop)을 2006년에 개방했다.

하둡은 과거 지수적으로 상승하는 데이터 처리 비용을 분산 처리(여러 서버 컴퓨터를 병렬 연결해 사용하는 방식)를 통해 선형적으로 늘어날 수 있게 만들어 주었다. 또한 병렬로 연결된 서버들이 각자 계산해 합치는 맵리듀스 기술은 대용량 데이터 처리에 병렬 연산 기술을 제공해 데이터가 늘어나더라도 처리 속도가 늘어나지 않는 엄청난 장점을 제공했다. 그 외에도 많은 서버를 사용하면서 수시로 발생하는 고장 문제를 사람의 개입 없이 소프트웨어적으로 대응할 수 있게 해 관리 한계도 개선해 주었다.

이렇게 공개된 하둡은 IT 업계에는 일대 혁명을 가져왔다. 그동안 개별 기업이 고심하던 데이터 문제를 오픈소스로 누구나 쉽게 해결할 수 있게 되었다. 많은 기술 기업들이 하둡을 도입하게 되었고 데이터의 저장 문제는 이제 더 이상 IT 기업들에게 문제가 되지 않았다. 이후 페이스북, 야후 등 많은 기업들이 하둡을 더 잘 활용할 수 있는 오픈소스들을 내놓으면서 기술력이 부족한 기업들도 손쉽게 하둡을 사용할 수 있는 하둡 에코시스템이라는 환경이 조성되었다.

빅데이터 기술의 영향

빅데이터 기술은 오픈소스를 통해 빠르게 확산되었고 이제는 누구나 손쉽게 설치해 큰 비용을 들이지 않고 대용량 데이터를 저장하고 활용할 수 있게 되었다. 이러한 기술의 발전은 그동안 버려지던 수많은 데이터들을 저장하고 활용할 수 있는 기회를 만들어 주었다.

2000년대 초반까지만 해도 인터넷 서비스 제공 업체들은 하루에 쌓이는 엄청난 양의 로그 정보를 전력을 사용하지 않는 테이프와 같은 저장 매체에 백업한 후 창고에 보관했다. 더 이상 보관할 자리가 없으면 폐기했고 이렇게 보관하던 로그 정보들도 결제와 같이 반드시 보관할 필요가 있는 필수 정보만 저장했다. 저장 매체 자체가 비싸고 관리 비용이 높기 때문에 대부분의 데이터는 버려졌다.

그러나 곧이어 빅데이터 기술이 확산되고 저장 매체 비용이 줄어듦과 동시에 인터넷 서비스 시장이 포화 상태로 경쟁이 치열해지기 시작했다. 치열한 경쟁에서 살

아남기 위해서는 단순히 좋은 디자인과 좋은 제품만으로는 충분한 경쟁력을 확보하기 어려웠다. 많은 기업들은 더 많은 사용자를 확보하고 재방문하게 만들며 더 많은 제품을 판매하기 위해서 버려지던 데이터에 눈을 돌리기 시작했다.

백업용 데이터로 취급받던 과거 구매 이력들은 학습의 대상이 되기 시작했다. 과거의 구매 이력들을 패턴화하고 비슷한 구매 이력을 가진 사용자들이 구매한 제품들을 묶어 내는 기술들이 발전했다. 최근에는 추천 시스템 혹은 알고리즘이라 불리는 기술이 개인화된 추천 시스템으로 자리잡았다. 개개인에게 더 정확한 상품을 추천하기 위해서는 상당한 시간 동안의 다양한 고객들의 구매, 선택 정보를 모으고 학습해야 한다.

상품의 추천을 넘어 사용자의 행동까지도 분석의 대상으로 바뀌었다. 과거에는 어느 검색엔진을 통해 접속했는지, 몇 명이나 우리 사이트에 접속했는지 보던 기초 통계 기능들이 대폭 개선되기 시작했다. 구체적으로 어느 배너를 통해, 어느 검색어를 통해 우리 사이트를 접근했는지 로그를 남기고, 각각의 사용자가 어느 페이지로 이동해 가는지 하나하나 추적 로그를 남겼다. 실제 구매까지 얼마나 걸리는지, 사용자가 일주일에 몇 번이나 방문하는지 등 남길 수 있는 모든 데이터를 남기기 시작했다. 이를 활용해 인터넷 서비스 운영 기업들은 고객들의 행동을 분석해 메뉴의 위치와 명칭, 색깔 등을 어떻게 제공해야 구매율이 높아지는지 혹은 사용자의 재방문이 많아지는지를 파악할 수 있게 되었고 빅데이터의 활용 범위는 계속 증가했다.

빅데이터 기술은 데이터의 처리 시간과 비용의 한계를 개선하기 위해 개발되었으나 결과는 그 한계를 아득히 뛰어넘어 더 이상 데이터의 용량이 기업에 부담이 되지 않는 수준에 이르렀다.

결국 빅데이터는 이제는 특별한 기술이 아닌 기초 인프라가 되었고, 정부와 민간에서는 넘쳐 나는 데이터를 활용하기 위해 많은 고민을 하고 기술 개발에 집중하기 시작했다. 따라서 우리는 빅데이터 기술을 고민할 필요가 없다. 그저 넘쳐 나는 데이터를 어떻게 활용해 경쟁에서 이겨 나갈지만 고민하면 된다.

상권 분석은 상당히 많은 데이터를 분석해야 하므로 반드시 빅데이터 기술을 활용해야 한다.

참고문헌

Sanjay Ghemawat et al.(2003). The Google File System, Proceedings of the 19th ACM Symposium on Operating Systems Principles, ACM, Bolton Landing, NY.

Jeffrey Dean & Sanjay Ghemawat(2004). MapReduce: Simplified Data Processing on Large Clusters, OSDI'04: Sixth Symposium on Operating System Design and Implementation, San Francisco, CA.

02
상권 분석과 데이터

데이터의 시대가 도래했다. 우리 주변에는 데이터가 넘쳐 나고 이제는 데이터 플랫폼을 통해 손쉽게 데이터를 구매하고 활용할 수 있는 시대에 살고 있다. 상권 분석을 위한 데이터를 검토해 본다.

AI와 MBTI?

데이터 산업의 출현

과거 기업이나 정부에서 발생하는 데이터는 내부 업무를 처리하거나 관리 목적으로 저장하고 활용하는 용도로만 쓰였다. 그러나 빅데이터 기술이 확산되고 데이터 저장 비용이 줄어들면서 기업들은 외부 데이터를 필요로 하기 시작했다.

이러한 수요에 맞춰 미국의 오바마 정부는 2009년부터 공공데이터 개방 정책을 발표하고 적극적으로 정부 보유 데이터를 개방하기 시작했다. 테크 기업들은 공공데이터 개방에 힘입어 다양한 데이터 기반 기술을 빠르게 상용화하며 발전했다.

한국 정부는 2013년부터 「공공데이터의 제공 및 이용 활성화에 관한 법률」을 시행했고, 2015년부터 부동산 등 국가 중점 데이터를 개방하면서 공공데이터 개방 효과를 보기 시작했다. 수많은 스타트업이 생겨났고 기존 서비스의 개선이 폭발적으로 일어나기 시작했다. 일부 공공데이터는 정기적인 업데이트를 보장하기 때문에 최신 데이터 분석에 활용하기 좋다.

공공데이터는 대부분이 행정 업무에서 발생하기 때문에 공공데이터만으로 시장을 파악하기는 어렵다. 정부에서는 이러한 문제점을 해결하기 위해 민간이 보유한 데이터의 대용량 공개를 지원하는 빅데이터 플랫폼 사업을 2019년도부터 지원하기 시작했다. 이후 더 많은 인공지능 학습 데이터와 민간데이터 개방을 촉진하기 위해 데이터 뉴딜 정책을 지속적으로 추진해 카드사, 통신사, 신용평가사, 금융기관, 유통/물류 기관 등 다양한 기업들이 보유 데이터를 개방하고 판매하기 시작했다.

테크 기업들은 많은 데이터를 구매하는 핵심 소비자로 데이터 시장에 자리하고 있고, 시중 은행 등 대형 금융 기관도 공공/민간 데이터를 지속적으로 구매하고 활용하고 있다. 전통 산업인 건설/부동산, 헬스/케어, 제조 등 다양한 산업에서 데이터를 활용하기 위한 노력들이 이어지고 있다.

미국에서는 2022년 기준 전체 GDP의 1.39%가 데이터 산업에서 발생하고 있고 산업의 비중은 매년 상승하고 있는 추세다. 한국 시장은 아직 많은 산업에 데이터 활용 기술이 확산되지 않았지만 최근 많은 기업들이 디지털 트랜스포메이션을 추진하면서 데이터 수요는 지속적으로 상승할 것으로 예상된다.

상권 분석 데이터

상권 분석을 위해서는 지도를 바탕으로 한 부동산 시장

의 이해가 절대적으로 필요하다. 우리나라는 국토교통부를 중심으로 대용량 부동산 데이터를 월 단위로 개방하고 있다. 브이월드를 통하면 토지와 지적정보를 손쉽게 확보하고 활용할 수 있다.

브이월드는 「공간정보산업진흥법」을 근거로 국가가 보유한 공간정보 데이터를 누구나 쉽게 활용해 공간정보 산업을 차세대 성장 기반으로 진흥·육성하기 위해 국토교통부에서 설립한 공간정보산업진흥원에서 운영하는 플랫폼이다. 최초에는 국가에서 제공하는 2D, 3D 지도를 무료로 제공받을 수 있는 플랫폼에서 시작했다. 2024년부터는 국토교통부에서 운영하던 국가공간정보 플랫폼과 통합해 국가에서 제공하는 대부분의 공간정보를 이 사이트에서 최신 데이터로 다운로드해 활용할 수 있게 했다.

특히 과거 국가공간정보 플랫폼에서 제공되던 국가중점 데이터와 오픈마켓 데이터 서비스가 제공되어 상권 분석과 같이 공간 기반 분석이 필요한 기업 혹은 개인에게는 가장 중요한 공공데이터 플랫폼이다.

건축물의 경우에는 세움터에서 제공하는 건축 데이터 민간 개방 시스템을 통해 모든 건물의 정보와 인허가 상황을 파악할 수 있다. 부동산 거래 정보는 실거래가 공개

시스템에서 얻을 수 있다. 다만 상업/업무 시설에 대해서는 주택과 달리 매매 정보만 제공되고 임대 정보가 개방되지 않아 상가 임대료를 추정하기 어렵다. 상가 임대료는 부동산원에서 개방하는 상업용 부동산 임대 동향 정보를 참고할 수 있다.

각 건물에 구체적으로 어느 상가가 운영되고 있는지를 알기 위해서는 행정안전부에서 제공하는 지방행정 인허가 데이터를 참고해야 한다. 상당히 많은 업종이 구청의 인허가를 받아야 하기 때문에 1일 단위로 업데이트되는 인허가 정보는 상권의 변화를 이해하는 데 매우 중요한 정보로 활용될 수 있다.

상권을 분석하는 데서 부동산보다 중요한 정보는 배후지 인구 정보다. 배후지 인구 정보는 행정안전부에서 1개월 단위로 개방하는 행정동 단위 거주 인구 정보를 활용할 수 있고, 3개월 단위로 개방되는 100 × 100 격자 인구 정보를 활용할 수도 있다.

직장 인구 정보는 고용보험과 국민연금공단에서 개방하는 법인별 가입자 수와 평균 보험료를 바탕으로 직장 인구 수와 소득 수준을 파악할 수 있다.

공공데이터를 통해 얻을 수 있는 정보에는 한계가 있다. 상권 분석을 위해서는 민간데이터도 적극적으로 활용해야 한다. 다만 민간데이터를 활용하려면 많은 비용이 들기 때문에 진입 장벽이 발생한다. 그러나 공공데이터도 한 번의 분석이 아닌 정기적인 분석을 위해서는 데이터 수집 및 정제 과정을 자동화해야 하는데 이 과정이 상당히 어렵고 큰 비용이 필요하기 때문에 잘 정제된 민간데이터의 구매가 더 효율적일 수도 있다.

민간데이터 중 상권 분석에 필수적인 데이터는 거주인구와 직장 인구에서 표현하지 못하는 유동 인구 정보다. 유동 인구는 실제 인간의 움직임을 데이터로 표현해 시간대별로 특정 위치의 실제 인구수를 추정할 수 있는 데이터다. 유동 인구를 제공하는 기업은 모두 통신사로 국내에서는 SKT와 KT, LGU+ 3사가 유동 인구를 각각 다른 이름으로 제공하고 있다.

유동 인구 정보는 통신사별로 다르지만 크게 두 가지 형태로 제공된다. 첫째는 블록 혹은 집계구라고 얘기하는 지역을 특정한 기준으로 구분한 공간에 시간대별로 성별, 연령대별 인구가 몇 명이나 있는지 제공하는 형태다. 둘째는 공간을 균질한 격자로 구분해서 가령 50m × 50m 혹은 100m × 100m 와 같은 사각형으로 구분해서 각 격자의 성별, 연령대별 인구를 시간대로 나누어 제공하는 형태다.

통신사별로 보유한 기지국 수와 위치가 다르기 때문에 제공하는 유동 인구의 정보는 정확하지 않고 첫째 방식인 블록의 공간 구조도 기업에 따라 다르게 제공되는 한계점이 있다. 또한 각 통신사는 가입자가 서로 다르지만 이들이 실제 제공하는 유동 인구 정보는 각사의 고객 집계가 아닌 전체 인구로 확대해 추정한 정보다. 이유는 각사의 회원만 공개할 경우 기업의 지역별 시장 점유율을 유추할 수 있기 때문이다. 대부분의 민간 기업들은 공공과 달리 시장 점유율에 따른 추정 문제를 안고 있다.

상권 분석에서는 유동 인구가 많은 상권이나 관광지 및 비정기적인 축제 등에서는 유동 인구 데이터를 활용하지 않으면 제대로 된 분석이 이루어지지 않는다. 거주 인구와 직장 인구만 사용할 경우에는 매출 예측이 과소계상되고 학습 과정에서는 적은 배후지에서 많은 매출이 나와 학습 오류가 발생한다. 따라서 유동 인구의 활용은 상권 분석에서 필수적이다. 최근에는 유동 인구를 목적지와 출발지로 분석해 지역별 인구 이동을 추적할 수 있는 데이터를 공급하는 통신사도 있다. 이러한 정보를 활용하면 구체적인 타겟팅과 마케팅 전략을 수립할 수 있다.

민간데이터 중 유동인구 다음으로 많이 사용되는 정

보는 카드사 데이터다. 카드사 데이터는 크게 가맹점 중심의 매출 정보와 사용자 중심의 소비 데이터로 나뉜다. 더 많은 각광을 받는 데이터는 매출 데이터다. 최근에는 가맹점별 사용자의 통계를 제공하는 방식으로 두 데이터를 연결해 공급하기도 한다.

국내에는 9개가 넘는 카드사가 있고 가장 높은 시장 점유율을 보유한 카드사의 점유율도 20% 수준이라 통신사와 달리 카드사의 매출 정보는 편향을 가지고 있다. 최근에는 대형 카드사들에 데이터를 결합해 좀 더 정확한 전체 매출 정보를 제공하고 있지만 카드사만으로는 각종 페이 서비스와 현금 결제 등을 모두 추정하기에는 한계가 있다.

그럼에도 불구하고 상권 분석에서 가장 중요한 매출액 정보를 담고 있고, 편향되어 있더라도 여러 매장과 업종 간 비교 분석 등 세분화된 상권 분석에는 더없이 좋은 자료임에 틀림이 없다.

카드 매출 데이터는 최근에는 요일별, 시간대별, 성별, 연령대별 데이터뿐 아니라 배달 결제 정보 등 다양한 형태로 세분화되어 제공되고 있다. 카드사마다 다르지만 보통 340만 개 정도의 가맹점을 보유하고 있다. 가맹점에 대해서는 360여 개의 업종 분류 코드를 제공하고 있어 지역별 업종별 매출액과 추이를 학습하고 분석하는 데 매우 유용하다.

마지막으로 신용평가사(Credit Bureau)에서 제공하는 개인 CB 데이터도 많은 인기를 끌고 있다. 이 정보를 통해 배후지 거주 인구의 소득 수준, 대출 상황, 자금 여유 등을 종합적으로 파악할 수 있고, 신용평가사 정보는 다행히 전수를 제공할 수 있다. 다만 금융 거래가 없는 사람에 대한 원천 데이터는 존재하지 않아 저연령대와 고연령대 인구 정보가 왜곡되는 현상이 발생한다.

참고문헌

European Data Market Study 2021-2023
브이월드, https://www.vworld.kr/v4po_main.do
건축데이터 민간개방, https://open.eais.go.kr/
실거래가 공개시스템, https://rt.molit.go.kr/
한국부동산원, https://www.reb.or.kr/
지방행정 인허가 데이터, https://www.localdata.go.kr/
행정안전부 주민등록 인구 데이터, https://jumin.mois.go.kr/
공공데이터포털, https://www.data.go.kr/
공공/민간 통합데이터지도, https://www.bigdata-map.kr/

03

데이터마이닝 기술

빅데이터가 확보되었다면 데이터에서 금광을 캐내야 한다. 데이터마이닝은 데이터에서 지식을 추출해 활용하기 위해 만들어진 기술이다. 데이터와 목적에 따라 다양한 알고리즘이 존재하기 때문에 개별 기술을 이해하고 활용하는 역량이 필요하다.

AI와 난임 극복?

데이터마이닝 기술의 발전

우리 주변에는 많은 현상들이 발생한다. 인간은 이러한 현상의 원인을 이해하고 이를 미리 예측하거나 통제하면서 위험에서 벗어나고자 하는 노력을 기울여 왔다.

과학은 다양한 자연의 변화를 관찰해 하나의 공식을 제시하고 이를 입증하면서 발전해 왔다. 그러나 사회 현상과 질병 등 우리 주변 문제들 대부분은 공식을 도출하기에는 관측 자료에 오류가 많고 이를 구체적으로 분석할 기술이 부족했다.

오랜 기간 사회 현상에 관한 학문 영역에서는 학자들이 경험과 지식을 바탕으로 제시한 주관적 이론이 구체적인 입증 과정 없이 각 분야에서 받아들여져 왔다.

19세기 피어슨과 피셔에 의해 발전한 통계학은 이러한 문제를 해결하는 도구로 빠르게 성장했다. 관측된 자료를 특정한 모집단에 속하는 표본으로 정의하고 모집단의 특징을 이용한 수리적 분석 방법을 제시함으로써 확률적인 신뢰도를 가지는 수리적 공식을 제시할 수 있게 되었다.

통계학은 짧은 역사에도 불구하고 과거 과학에 속하지 않던 인문학, 사회과학, 의학 등 분야의 발전에 영향을 주었다. 지금은 누구나 다양한 사회 현상을 특정 신뢰

구간 안에서 제시할 수 있는 시대다.

그러나 만능인 줄 알았던 통계학 기술에도 한계가 있다. 실제 사회 현상에서는 관측된 정보 모집단을 정의하기 어렵거나 원인과 결과의 관계가 비선형적이고 복잡한 문제들이 산재해 있다.

1957년 코넬 항공 연구소의 프랭크 로젠블라트(Frank Rosenblatt)는 단층 퍼셉트론(Single layer perceptron)을 발표했다. 이 알고리즘은 0과 1을 이용한 연산인 AND, OR, NAND 등의 연산을 데이터 학습을 통해 구현 가능함을 보여 줬다. 기계가 데이터를 학습할 수 있다는 당시로서는 획기적인 아이디어는 센세이션을 불러일으켰고 많은 연구소와 전문가 들을 인공지능 연구에 뛰어들게 만들었다.

인공지능 연구가 확산되면서 단층 퍼셉트론 알고리즘이 XOR 문제를 학습하지 못하는 한계가 드러났다. XOR 문제는 대표적인 비선형 문제로, 두 입력 값이 같은 경우에는 0을, 다른 경우에는 1을 출력하는 논리 연산이다. 당시에 단층 퍼셉트론에서 사용하던 직선 함수로는 해를 찾을 수 없는 문제로, 수천 번을 학습해도 결국 답을 찾지 못하고 무한 루프에 빠졌다.

로젠블라트는 1962년에 퍼셉트론 이론을 보완한 『신경역학의 법칙(Principles of Neurodynamics)』이라는 책을 출간해 다중 퍼셉트론 개념을 제시했다. 단층 퍼셉트론을 여러 겹으로 쌓으면 XOR과 같은 비선형 문제도 해결이 가능하다고 제안했지만, 단층 퍼셉트론과 달리 학습 방법까지는 제시하지 못했다. 이때부터 인공지능의 첫 번째 겨울이라고 불리는 장기적인 침체가 시작되었다.

1986년에 제프리 힌턴(Geoffrey Hinton) 교수와 데이비드 러멜하트(David Rumelhart) 등이 참여한 논문 "역전파 학습 알고리즘(Learning representations by back-propagating errors)"을 통해 다층 퍼셉트론(Multilayer Perceptron) 학습이 가능하게 되었다. 다층 퍼셉트론은 인공신경망이라고 불리며 현재 가장 각광받고 있는 인공지능 기술이다. 1980년대부터 학습이 가능해지면서 인공신경망 기술도 빠르게 발전하기 시작했다.

실제 기계학습이 꽃을 피우기 시작하는 시점도 1980년대부터다. 가장 먼저 의사결정 나무라는 기술이 대용량 데이터에서 기계학습을 통해 데이터 간의 비선형적 관계를 설명하는 기술로 각광을 받기 시작했다. 그 후

2000년대 초반까지 인공신경망, 서포트벡터머신(SVM), 베이지안네트워크 등 수백 가지 기계학습 이론들이 발표되면서 기계학습의 춘추전국 시대를 맞았다.

기계학습 기술은 과거 통계학이 해석하지 못했던 대용량 관측 데이터의 관계를 더 잘 설명할 수 있게 해 주고, 수많은 사회 현상을 예측하고 설명할 수 있는 도구를 제시해 주었다. 통계학이 수많은 학문에 영향을 준 것 이상으로 기계학습 기술은 많은 분야에 확산되었고, 우리는 통계학과 기계학습이라는 강력한 두 가지 도구로 학문을 연구하게 되었다.

2000년대 후반이 되면서 기계학습의 한계에 대한 이야기가 많아지기 시작했다. 다양한 기술이 제시되었으나 모든 데이터와 분석 분야에서 뛰어난 성능을 발휘하는 기술은 존재하지 않는다는 결론에 도달했다. 즉 모든 기술들이 한계를 가지고 있어서 데이터를 완벽히 해석해 내거나 예측해 낼 수 없다는 것이다. 결국 많은 기계학습 기술들은 최강자를 가리지 못하고 각 학문 분야의 데이터 특성에 맞춰서 잘 맞는 기계학습 기술을 활용해야 하고, 여러 기술을 함께 활용해 더 정교한 분석 결과를 얻을 수 있다는 여론이 형성되어 가고 있었다.

많은 기계학습 알고리즘을 함께 분석하는 방법론으로

앙상블 기술이 제시되었다. 랜덤포레스트, 부스팅 등 다양한 앙상블 기술에 대한 연구가 확산되기 시작할 즈음에 인공신경망 알고리즘의 한계를 돌파하는 딥러닝 기술이 2012년 출현하면서 다른 기계학습 기술들을 압도하기 시작했다. 이제는 모든 분야에서 인공지능이라고 하면 딥러닝 기술을 의미할 정도로 확산되었다.

데이터마이닝의 영향

기술 발전 흐름에서도 알 수 있듯이 데이터마이닝은 다양한 사회 현상을 설명하는 데 크게 기여했다. 우리는 데이터만 있으면 통계학이나 기계학습 기술을 활용해 그 현상을 해석하고 원인을 분석하며 미래를 예측할 수 있게 되었다.

빅데이터 기술과 데이터마이닝의 발전은 엄청난 시너지를 일으키며 우리의 생활을 바꿔 놓았다. 산더미처럼 쌓인 데이터 산에서 빅데이터와 데이터마이닝 기술을 통해 금광을 캐내듯 새로운 부가가치를 창출할 수 있게 되었다.

데이터마이닝 기술은 다양한 분야에서 활용되기 시작했다. 초기 단계의 언어 학습은 단어의 순서에 따라 다음에 나올 가능성이 높은 단어를 제시해 문장이나 대화를 생성하는 알고리즘을 내놓았다. 그러나 문장이 길어지거나 맥락을 이해하는 능력이 부족해 우리나라로 치면 심심이 수준의 단순 채팅에 활용되는 수준에 머물렀다.

이미지 인식도 28 × 28 픽셀의 아주 작은 이미지에서 시작해 흑백 이미지의 필기체를 인식하거나 아주 작은 이미지가 동물인지 꽃인지 등 이미지 종류를 인식하는 기계학습 방법이 출시되었다. 더 큰 해상도의 이미지나 강아지 사진에서 강아지의 종류를 구분해 내는 등의 목표를 가진 이미지 학습은 90% 정확도에 도달하지 못할 수준으로 한계가 있었지만 그래도 매년 조금씩 발전해 나가고 있었다.

시뮬레이션 분야는 경영과학 분야에서 다이내믹 프로그래밍, 몬테카를로 시뮬레이션과 같은 방식으로 제한된 환경에서 발생 가능한 미래의 경우의 수를 예측하고 최적의 답을 찾아가는 방식으로 발전했다. 그 외 수학적, 통계학적 방법으로 한계에 부딪친 많은 분야에서 컴퓨터를 이용한 기계학습 기법을 도입해 다양한 결과를 내놓았다.

또한 인문 사회 분야에서도 과거 해석하지 못하던 다양한 사회 현상들을 비선형적인 분석 기술을 이용해 해석해 내면서 고객의 편의를 증대하고 과거에 없던 혁신적인 서비스들이 출시되기 시작했다.

예를 들어 쇼핑몰에서는 장바구니 분석을 통해 최상의 상품 배열 방법을 찾아 매출을 늘리고 고객은 최적 동선으로 원하는 상품을 장바구니에 담을 수 있게 되었다. 금융기관의 고객에 대한 위험을 판단하는 신용 평가 시스템에도 비선형적 분석 방법인 기계학습이 적극적으로 도입되면서 다양한 고객 군에 맞춘 신용평가 분석이 가능해졌다. 그 밖에도 이상 거래 탐지, 부동산 시세 분석, 임상 진단 등 과거 전문가들의 주관적 판단을 필요로 하던 많은 분야에 기계학습이 반영되기 시작했다.

그러나 이 시기까지는 대부분의 기술이 가능성 수준에 머물러 인간을 완벽히 대체하기에는 한계가 있었다. 분석 결과를 활용하기 위해서도 많은 전문 지식을 바탕으로 한 복합적인 해석과 판단이 필요했다. 따라서 기계학습은 많이 확산되기는 했지만 아직까지는 전문가 집단을 위한 연구 목적 기술이었고 많은 사람들에게 피부에 와닿는 직접적인 기술로 자리 잡지 못한 상황이었다.

참고문헌

Kass, G. V. (1980). "An exploratory technique for investigating large quantities of categorical data". *Applied Statistics, 29*(2), 119~127.

Breiman, Leo., Friedman, J. H., Olshen, R. A., Stone, C. J. (1984). *Classification and regression trees.* Monterey, CA, Wadsworth & Brooks/Cole Advanced Books & Software.

Quinlan, J. R. (1993). C4.5: *Programs for Machine Learning.* Morgan Kaufmann Publishers.

Cortes, C., Vapnik, V. (1995). Support-Vector Networks.

Fernández-Delgado, M., et al. (2014). "Do We Need Hundreds of Classifiers to Solve Real World Classification Problems?" *The Journal of Machine Learning Research, 15,* 3133~3181.

04
딥러닝 기술의 발전

최근의 데이터 분석 기술은 인공신경망 기반의 딥러닝 기술이 압도적 우위를 차지하고 있다. 모든 분야에서 단연 최고의 성능을 보여 주고 있으며 기존 데이터마이닝 기술이 가지던 한계를 넘어섰다. 딥러닝에 대해 이해해 본다.

AI와 사주?

딥러닝의 출현

딥러닝은 갑자기 하늘에서 떨어진 기술이 아니다. 인공신경망(Artificial Neural Network)이라는 오래된 기술의 한계를 다양한 측면에서 뛰어넘으며 빅데이터 기술처럼 데이터 학습 분야에서 아득히 뛰어난 성능을 발휘했다. 결국 30년에 걸친 기계학습 춘추전국 시대를 완전히 통일하며 모든 분야의 혁신에 불을 붙이는 역할을 했다.

인공신경망은 프랭크 로젠블라트(Frank Rosenblatt)가 1957년에 최초로 제안한 알고리즘이다. 인간의 뇌에 있는 뉴런 신경을 본떠서 만들어진 알고리즘으로 퍼셉트론(Single layer perceptron)이라고 불렸다. 당시에 제시한 알고리즘은 AND, OR, NAND 연산의 입력값과 결괏값을 학습시키면 하나의 알고리즘으로 각 연산자의 역할을 할 수 있었다.

그러나 이 알고리즘이 XOR 연산은 제대로 학습하지 못했고, 이를 해결하기 위해 로젠블라트는 1962년 다층 퍼셉트론을 제시했으나 학습 방법을 개발하지 못했다. 많은 연구가 진행되었지만 쉽게 해결하지 못해 인공지능 연구의 첫 번째 겨울을 만들어 내게 되었다.

1986년이 되어서야 제프리 힌턴(Geoffrey Hinton) 교수와 데이비드 러멜하트(David Rumelhart) 등이 다층 퍼셉트론을 학습할 수 있는 역전파(Back-propagation) 알고리즘을 제시하면서 긴 겨울을 마치고 인공신경망이 발전하기 시작했다.

1980~1990년대 기계학습이 빠르게 성장하고 있던 시기에 알고리즘 춘추전국 시대에 뛰어든 인공신경망은 레고 블럭처럼 다양한 모양으로 조립할 수 있는 태생적 장점을 바탕으로 많은 분야에서 활용되며 확산되었다. 언어 분석, 음성 인식, 이미지 인식, 시계열 분석 등 수많은 분야에서 활용되면서 다양한 형태의 뉴럴 네트워크 모델이 제시되었다.

인공 신경망의 뉴런 개수가 늘어나면서 이 모델도 한계에 도달하기 시작했다. 학습에 걸리는 시간이 기하급수적으로 늘어나고, 학습이 되지 않거나 학습은 되는데 조금만 데이터가 변해도 설명력을 잃어버리는 과적합 모델들이 만들어지게 되는 한계를 보였다. 결국 인공신경망도 다른 알고리즘들과 큰 차별성 없는 하나의 데이터마이닝 알고리즘 취급을 받으며 서서히 인기가 식어가고 제2의 겨울을 맞이했다.

2012년 토론토 대학에서 제시한 AlexNet이라는 이미지 인식 알고리즘이 기존 알고리즘들에 비해 압도적인 성능을 발휘하면서 대 파란을 일으켰다. 발표된 논문에서는 인공신경망 기술을 활용했고 과거와 다른 알고리즘들을 이용해 느린 학습 문제와 과적합의 문제를 해결했다. 또한 GPU(그래픽처리장치, Graphic Processing Unit)를 이용해 병렬 연산으로 빠르게 인공신경망을 학습하는 기술을 선보이며 인공신경망이 가진 한계를 넘어섰다.

이제 인공신경망을 무한히 확장해도 학습이 가능한 기술을 얻게 되면서 많은 분야에서 뉴런을 상당한 깊이로 조립해 분석하는 심층신경망(Deep Nueral Network)이 확산되기 시작했고 이를 딥러닝이라고 부른다. 최근에는 과거에 상상할 수 없는 수준의 거대 인공신경망을 학습시키고 활용하면서 인공지능이라고 하면 으레 딥러닝 기술이라고 생각하는 상황이 되었다.

딥러닝의 확산

딥러닝의 출현으로 모든 학문의 막혀 있던 부분이 뻥 뚫려 나갔다. 그동안 다양한 알고리즘을 결합해 해결하려 했던 문제들이 딥러닝 하나로 빠르게 해결되기 시작했다.

이미지 인식 분야가 가장 먼저 치고 나갔다. 기존 알고리즘들의 최고 성능을 뛰어넘는 새로운 알고리즘인

SOTA(State Of The Art) 기술이 하루가 멀다 하고 등장하면서 과거에는 상상도 못 할 수준의 엄청난 정확도를 자랑하는 많은 서비스가 출시되기 시작했다. 이제는 이미지로 검색도 가능하고 물건을 찍으면 같은 물건을 구매할 수 있는 수준에 도달했다.

이미지 인식 기술에서 시작해서 이미지에서 특정한 물체를 찾아내는 검출(Detection) 알고리즘과 이미지의 여러 물체를 구분해 내는 분할(Segmentation) 알고리즘도 빠르게 발전했다. 이제는 CCTV를 사람이 지켜보지 않아도 위험을 발견하고 알람을 주는 시대가 되었다.

언어 모델은 단어의 순서를 시계열적으로 분석해 글의 맥락을 이해하거나 번역을 제공하는 기술이다. 이 분야에서도 딥러닝 기술을 도입하면서 엄청난 발전을 보여 주고 있다. 이제 우리는 사람보다 뛰어난 문장을 수려하게 작성하는 챗봇과 대화를 나눌 수 있다.

시뮬레이션 분야도 강화학습이라는 이름의 딥러닝 알고리즘이 제시되면서 과거에 상상도 할 수 없었던 발전을 보여 주었다. 대표적으로 기계가 뛰어넘을 수 없다고 생각한 바둑이라는 게임을 알파고가 압도한 일은 딥러닝 기술이 시장에 알려지는 계기가 되었다.

우리가 자주 보는 유튜브와 넷플릭스에서 우리에게

영상을 추천하는 알고리즘도 딥러닝 기술을 사용하고 있고, 이제는 쇼핑몰에서 우리에게 상품을 추천하는 알고리즘도 모두 개인에 최적화된 딥러닝 알고리즘을 사용한다.

이 외에도 딥러닝은 과거 과학, 통계학, 기계학습이 설명하지 못한 대부분의 데이터들을 학습하고 예측하면서 모든 학문과 서비스에 혁신적인 변화를 가져오고 있다. 다만 딥러닝 기술은 복잡한 구조만큼이나 사람이 원리를 이해하기에는 어려움이 따른다는 한계가 있다.

상권 분석과 딥러닝

딥러닝 알고리즘은 인공신경망이 가지는 장점인 무한히 확장 가능한 결합 구조를 활용해 거대한 모델을 학습하는 과정이다. 상권 분석은 고려해야 할 변수가 상당히 많다. 배후지 정보와 경쟁자 제품과 마케팅 전략, 거시 지표와 트렌드 등 다양한 대내외적 정보가 결합되어 매출로 나타난다.

이러한 복합적인 상권 분석 구조를 설계하기 위해 딥러닝 기술을 활용하면 알고리즘이 스스로 각 변수와 관계와 영향도를 데이터에서 스스로 학습할 수 있게 된다. 신기하게도 데이터에 대한 과적합(우연히 특정 지점에만 특별히 발생한 매출 형태를 전체 매장에 반영해 발생하는 성급한 일반화의 오류 문제)도 딥러닝 알고리즘은 스스로 해결한다. 또한 전국적인 판매망을 가진 기업의 상권 분석에서는 월 단위로 변화하는 전국의 배후지 정보와 매출 정보를 결합해 분석하더라도 GPU를 통해 빠르게 학습하고 시의적절하게 결과를 활용할 있어서 유용하다.

딥러닝은 이제 앞서 설명한 모든 기계학습 기술을 넘어섰기 때문에 상권 분석 분야에서도 필수적으로 활용해야 한다. 딥러닝 알고리즘을 이용한 분석 방법에 대해서는 6장을 통해 제안하고자 한다.

참고문헌

Krizhevsky, A., Sutskever, I., Hinton, G. (2012). “ImageNet Classification with Deep Convolutional Neural Networks”, *Advances in neural information processing systems*, 25.

Redmon, J., Divvala, S., Girshick, R., & Farhadi, A. (2016). “You Only Look Once: Unified, Real-Time Object Detection”. In *2016 IEEE Conference on Computer Vision and Pattern Recognition (CVPR)* (pp. 779–788). https://doi.org/10.1109/CVPR.2016.91

Ronneberger, O., Fischer, P. and Brox, T. (2015). “U-net: Convolutional Networks for Biomedical Image Segmentation”. In: *International Conference on Medical*

Image Computing and Computer-Assisted Intervention, Springer, Cham, 234-241. https://doi.org/10.1007/978-3-319-24574-4_28

Wang, H., Wang, N., & Yeung, D. Y.(2015, August). "Collaborative deep learning for recommender systems". In *Proceedings of the 21th ACM SIGKDD international conference on knowledge discovery and data mining* (pp. 1235-1244).

Silver, D., Schrittwieser, J., et al.(2017). "Mastering the game of Go without human knowledge". *Nature, 550*(7676), 354.

05
생성형 인공지능

순식간에 생성형 인공지능 시대를 맞이하게 되었다. 딥러닝은 단순히 데이터를 학습하고 예측하는 수준을 넘어서 창의적인 문장과 영상을 만들어 내는 경지에 올라섰다. 생성형 알고리즘의 원리를 이해하고 상권 분석에서 활용 가능성을 찾아본다.

AI와 아이돌?

이미지 생성 알고리즘

생성형 인공지능에 대한 관심을 불러일으킨 논문은 2014년 발표된 "생성적 적대 신경망(Generative Adversarial Networks)", 일명 GAN(갠)이라고 불리는 기술이다. 가짜 이미지를 생성하는 딥러닝 모델과 가짜 이미지와 진짜 이미지를 구별하는 판별자 딥러닝 모델을 서로 경쟁시켜서 생성자가 만든 이미지를 진짜 이미지로 착각할 때까지 학습시키는 과정을 통해 이미지 생성 알고리즘을 학습시켰다. 학습 시간이 오래 걸리긴 했지만 매우 혁신적인 학습 방법이라 많은 후속 연구가 진행되었다. 많은 연구를 통해 원하는 모양의 이미지를 생성할 수 있는 수준까지 발전했다.

그러나 실제 생성형 이미지 기술이 파란을 일으킨 것은 뮌헨대학에서 발표한 스테이블 디퓨전(Stable Diffusion)이라는 딥러닝 모델이다. 이 모델은 연기의 확산을 복원하는 알고리즘을 활용해서 잡음(noise)이 있는 이미지를 정교한 이미지로 복원하는 방식으로 이미지 생성 알고리즘을 구현했다.

GAN은 학습에 사용된 진짜 이미지의 범위를 벗어나지 못하는 한계가 있었는데 스테이블 디퓨전은 이러한 한계를 벗어나서 한 번도 본 적 없는 새로운 이미지를 만들어 내기 시작했다. 또한 확산 모델의 특징을 이용해 엉뚱한 이미지들을 혼합하더라도 연결 부분이 매우 정교하게 그려지는 장점을 가지게 되었다.

언어 생성 모델

2023년 한 해 동안 가장 많이 언급된 인공지능 기술은 단연 생성형 인공지능, 그중에서도 챗GPT(ChatGPT, Chat Generative Pre-trained Transformer)다. 사람에 가까운 답변 실력에 수려한 글쓰기, 뛰어난 프로그래밍 실력과 다양한 입출력 방법을 제공해 보고 듣고 말하고 쓰는 능력을 고루 갖춘 인공지능 기술이다. 이러한 딥러닝 모델을 거대언어모델(LLM, Large Language Model)이라고 한다.

언어모델은 단어의 순서를 분석하면 다음에 나올 단어의 확률 분포를 학습할 수 있다는 아이디어에서 시작됐다. 예를 들면 "나는 지금 집으로" 라는 단어의 순서를 제시하면 "들어간다"라는 단어가 나올 확률 40%, "향한다"라는 단어가 나올 확률 20%와 같이 많은 단어들의 발생 확률을 학습하는 모델이다.

단어의 순서를 시계열 인공신경망 모델인 순환신경망(RNN, Recurrent Neural Network)으로 학습하는 아이디어가 2010년에 제시되었고, 2014년에 두 문장 사이의 관계를 학습하는 모델이 제시되었다.

연구를 거듭한 끝에 2017년 구글 연구원들이 "어텐션 이즈 올 유 니드(Attention is All you need)"라는 논문을 발표하면서 언어 모델은 트랜스포머(Transformer)라는 딥러닝 기술로 통일되었다. 어텐션(Attention)은 문장 안의 단어들 간의 관계를 학습해 단어의 확률 분포를 계산할 때 집중해야 하는 단어들을 더 잘 반영할 수 있게 했다.

트랜스포머 알고리즘은 모든 언어모델에서 뛰어난 성능을 발휘했다. 언어모델은 다른 인공지능 기술에 비해 학습 데이터를 만들기가 쉬웠다. 인터넷에 이미 많은 글과 정보들이 넘쳐 나고 있기 때문이다. 트랜스포머를 사용한 GPT는 엄청난 양의 텍스트를 학습하고 딥러닝 알고리즘 중 단연 최대 규모를 자랑하는 거대 언어모델로 발전하면서 인간에 가까운 맥락의 이해와 답변을 생성하는 알고리즘으로 발돋움했다.

언어모델은 다음에 나올 단어를 확률 분포로 제시하기 때문에, 만약 가장 확률이 높은 단어를 선택하면 매번 같은 답변만을 하게 된다는 태생적 한계가 있다. 이를 방지하기 위해 확률이 일정 수준 이상 높은 단어들 중 랜덤하게 선택해 답변을 생성하는 방식을 쓰고 있다. 이 과정에서 첫 단어를 어떻게 선택하느냐에 따라 완전히 다른 답변을 보이는 경우가 생기고, 사실과 다른 답변을 하기도 한다. 이를 할루시네이션(Hallucination)이라 표현하는데, 생성형 인공지능의 창의성을 위해 어쩔 수 없이 발생하는 문제이기도 하다.

생성형 인공지능의 활용

생성형 인공지능은 현실의 데이터를 학습하는 과정에서 존재할 것 같은 데이터를 생성하는 기술들로 만들어졌다. 존재할 것 같다는 기준을 어느 정도 범위의 데이터를 대상으로 하느냐에 따라 그 성능이 사람의 지능에 가까운 수준으로 느껴지기도 한다.

아직 상권 분석 분야에서 생성형 인공지능을 반영한 연구는 많이 이루어지지 않았다. 다만 최근 생성형 알고리즘은 학습 시점의 데이터가 아닌 실시간으로 데이터를 수집해 답변을 작성하는 검색 증강 생성(RAG, Retrieval Augmented Generation) 기술이 빠르게 성장하고 있다.

상권 분석 과정에서 확보한 빅데이터를 분석하기 위해 다양한 상권 사례를 검색하고 최신 빅데이터를 수집해 답변을 제시하는 거대언어모델을 활용하면 다양한 관점으로 시장을 분석할 수 있다. 생성형 인공지능은 빠르게 성장하고 있으므로 주의 깊게 지켜볼 필요가 있다.

거대언어모델을 이용하면 상권 분석 결과에 대해서 왜 여성 거주 인구를 중요하게 생각했는지, 왜 이 지역에서는 직장 인구의 정보가 중요했는지 등 분석 과정에서 활용한 이론을 친절하게 전달받을 수 있다. 또한 상권 분석 결과에서 더 자세한 내용이나 추가적인 분석 조건을 채팅을 통해서 시스템에 전달하고 분석 결과를 제공받을 수도 있다. 거대언어모델은 고객과의 대화를 통해 고객이 원하는 바를 문맥 분석으로 구체화할 수 있고, 질문을 통해 고객의 의도를 정확히 판단할 수 있는 등의 장점이 있다.

결국 생성형 AI는 고객과의 인터페이스, 즉 상권 분석 데이터와 알고리즘, 그리고 사용자 사이에서 채팅을 통해 가교 역할을 수행할 수 있다. 이는 상권 분석 기술이 더 많은 사용자에게 대중화되어 활용될 수 있는 기회를 가져온다.

참고문헌

Goodfellow, I., Pouget-Abadie, J., Mirza, M., Xu, B., Warde-Farley, D., Ozair, S., Courville, A., & Bengio, Y. (2014). "Generative Adversarial Nets". *Proceedings of the International Conference on Neural Information Processing Systems (NIPS 2014).* pp. 2672~2680.

Rombach, R., Blattmann, A., Lorenz, D., Esser, P., & Ommer, B. (2022). "High-resolution image synthesis with latent diffusion models". In *Proceedings of the IEEE/CVF conference on computer vision and pattern recognition (CVPR)* (pp. 10684~10695).

Mikolov, T. et al.(2010). Recurrent neural network based language model. *Interspeech 2*(3), 1045~1048.

Sutskever, I. et al.(2014). "Sequence to Sequence Learning with Neural Networks". *Advances in neural information processing systems.* 27.

Kyunghyun C. et al.(2014). "Learning Phrase Representations using RNN Encoder-Decoder for Statistical Machine Translation". Conference on Empirical Methods in Natural Language Processing (EMNLP 2014)

Vaswani, A., Shazeer, N., Parmar, N., Uszkoreit, J., Jones, L., Gomez, A., Kaiser, L., Polosukhin, I. (2017). "Attention is All you Need". *Advances in Neural Information Processing Systems. 30.* Curran Associates, Inc.

06
상권 분석의 관점

상권 분석에는 다양한 관점의 데이터들이 존재한다. 역세권과 같이 하나의 시장을 형성한 권역에 대한 정보, 하나의 상점 입장에서 만들어지는 매출 정보, 한 명의 고객 입장에서 만들어지는 구매 정보가 대표적인 데이터다. 다양한 데이터를 어떠한 관점에서 분석하고 모형화할지 들여다본다.

AI와 야구?

상권 분석

상가를 내고 장사를 하려면 상권을 분석해야 한다는 표현을 한다. 그러나 일반 소상공인이 체계적으로 상권을 분석하고 이해하기는 어렵다.

반면 전국적인 유통망을 보유하거나 프랜차이즈와 같이 많은 가맹점을 통해 서비스와 물품을 판매하는 기업에서는 체계적인 상권 분석 프로세스를 정립할 필요가 있다.

기업들은 크게 세 가지 목적으로 상권 분석을 진행한다. 첫째, 아직 진출하지 않은 지역에서 새로운 점포를 개설하고 개설한 점포에서 최소 3년간의 매출액을 예측하기 위해 진행한다. 둘째, 이미 개설한 점포에서 더 많은 매출을 달성하거나 상품과 서비스 마케팅 전략을 재구성하기 위한 목적으로 진행한다. 마지막으로 점포 임대차 계약이 만료되는 시점에서 점포를 이전할 때 상권 분석을 진행한다.

국내에서 가장 많은 가맹점을 운영하는 업종은 단연 편의점이다. 편의점은 최초 상권을 분석하기 위해 최소 300개 이상의 변수를 고려해 현장 조사에서부터 건물의 물리적 상태, 배후지 등 많은 변수들을 수집하고 분석에 활용한다. 커피숍 브랜드도 많게는 전국에 천 개가 넘는 매장을 보유하기도 한다. 이러한 브랜드의 점포 개발팀은 최소 1주일에 1~2개의 점포 이전을 지원하고 상권 분석을 추진해야 한다.

이렇게 많은 데이터를 축적하고 분석하지만 여전히 담당자들은 상권 분석에 대해 정확한 원리를 제시하지 못하고 있다. 변수가 너무 많다 보니 인과관계를 직관적으로 파악하기 어려운 것이 현실이다.

그러다 보니 수집된 정보를 통해 매출을 예측하는 정확도보다는 체크리스트를 작성해 위험을 관리하는 전문성이 증대되기 마련이다. 매장이나 계약 관련 변수들은 대부분 위험 회피를 위한 목적으로 관리하고 있다.

인공지능 상권 분석을 위해서는 많은 변수를 바탕으로 점포와 고객의 매출 관계에 대해 이론적 접근이 필요하다. 현재까지 상권 분석에서 접근한 두 가지 상권 개념을 통해 관점을 재정립할 필요가 있다.

권역으로서 상권

2010년 이후부터 다양한 지도 기반 서비스가 출시되면서 소상공인진흥공단이나 서울시, 그 외에도 카드사 등 다양한 기관에서 상권 분석 시스템을 내놓기 시작했다. 당시에 상권(Commercial District)이라고 하면 전통적으로 많은 가게가 모여서 집객을 유발하는 구역을 뜻했다.

따라서 초기 상권 분석에서는 강남역 역세권, 홍대 앞, 대학로 등 많은 사람들이 찾는 상권을 서비스 제공 기업들이 구역으로 지정하고 해당 구역의 배후지 정보와 매출액 유동 인구 등을 집계해 분석 결과를 제공했다. 당시에는 고객관계관리를 지도와 결합해 gCRM(geographic Customer Relation Management)이라는 이름으로 많은 기업들에 공급했다.

점차 많은 사람들이 상권 분석에 관심을 가지기 시작하면서 기존 상권을 세분화하기 시작했다. 이후 송리단길, 성수 등 새로운 상권이 생겨나고 기존 상권의 젠트리피케이션(gentrification, 상권이 발전하면서 기존 상인들이 밀려나는 현상)이 일어나는 등 수시로 상권이 변화하면서 골목상권과 같이 전국의 모든 구역을 상권으로 세분화하기 시작했다. 최근에는 이러한 상권 구역을 기업별로 독자적인 기준에 따라 구분해 마케팅 블록, 골목상권 등 다양하게 부르고 있다.

권역으로서의 상권 분석은 많은 사람들이 이해하기 쉽고 데이터 집계 방식이 직관적이라 초기 상권 분석에서 높은 인기를 끌었다. 하지만 전체 상권을 이해하고 비교하기에는 좋지만 개별 상점 입장에서 해석하기는 어려워 활용성이 많이 감소하고 있다.

접근성으로서 상권

상권 이론들은 상권 경계보다는 구매자가 왜 해당 상가 혹은 도시를 선택하는가를 다루는 선택 모형을 많이 연구해 왔다. 권역에서는 배후지의 모든 고객을 동일한 숫자로 파악한 반면, 이론에서는 개별 소비자의 각각의 선택 모형을 바탕으로 구매 행위가 일어난다고 생각했다.

소비자의 선택 이론은 중력 모델을 중심으로 발달해 왔다. 교통 편의성과 매장의 규모 등을 종합적으로 고려해 배후지 구매자들이 자신의 주거 위치에 따라 매장을 선택한다고 보고, 이를 공식으로 제시했다. 공식을 통해 새로운 매장의 규모와 위치에 따른 배후지 고객의 흡인력을 수치로 제시할 수 있게 되었다.

최초의 중력 모델에서는 단순히 거리만을 고려했지만 점차 이론이 발전하면서 많은 정보들이 담길 수 있게 되었다. 또한 초기에는 상가 단위가 아니라 도시 단위의 선택 모형이었지만 이제는 더 세분화된 모형을 활용할 수 있다.

많은 변수를 활용할수록 더 정확한 모형을 확보할 수 있지만 동시에 학습의 어려움에 부딪치게 된다. 최근 대형 프랜차이즈의 경우 상가의 물리적 요인과 환경적 요인, 경쟁 요인 등 하나의 상가를 평가하기 위해 적게는 수십 개에서 많게는 300~400개가 넘는 체크리스트를 분석해 최적 매장을 찾고 있다. 그러나 이 많은 데이터들이 실제 매출에 주는 영향을 정확히 파악하기란 상당히 어렵다.

기존 권역으로서 상권 분석 방법을 뛰어넘기 위해 개별 구매자의 선택 모형을 학습하고, 이를 활용해 다시 개별 입지에서 매장 매출액을 구체적인 수치로 시뮬레이션해 제시할 수 있는 모형이 필요하다. 과거에는 학계에서도 구현이 불가능에 가까운 복잡한 모형이었지만 빅데이터와 딥러닝 기술의 발달로 손쉽게 이를 학습하고 구현할 수 있게 되었다.

참고문헌

소상공인진흥공단 상권정보,
https://sg.sbiz.or.kr/godo/index.sg

서울시 상권 분석서비스,
https://golmok.seoul.go.kr/main.do

Reilly, William J. (1931), *The Law of Retail Gravitation*, New York: Knickerbocker Press

Huff, David L. (1964), "Defining and Estimating a Trading Area". *Journal of Marketing, 28*(3), 34~38.

Nakanishi, M., Cooper L. (1974). "Parameter Estimation for a Multiplicative Competitive Interaction Model–Least Squares Approach". *Journal of Marketing Research, 11*(3), 303~311.

07
상권 분석의 목표

모든 분석에는 명확한 목표가 있어야 학습 과정을 설계할 수 있다. 상권 분석에서 가장 중요한 목표는 빠른 매출 성장이다. 상권 분석 목표를 위한 인공지능 알고리즘 설계에 대해 제안한다.

AI와 윤동주?

매출 예측 모형

시장에 진입하기 전 상권 분석의 제1목표는 예상 매출액을 정확히 분석해 내는 데 있다. 활용 가능한 모든 데이터를 사용하고 다른 시장과 다른 브랜드의 매출을 충분히 학습해 예측해야 한다.

매출을 예측하기 위해서는 먼저 내가 예측하고자 하는 상점이 어느 고객까지 영향을 미치는지 파악할 필요가 있다. 상가의 영향 범위는 분석 대상이 되는 고객을 알기 위해 필수적이지만 상품과 지역에 따라 다르고 계절과 기술 변화에 따라서도 동적으로 변화하기 때문에 학습을 통해 알아내야 한다.

만약 다수의 구매 고객 주소 정보를 확보할 수 있다면 범위를 학습하기에 매우 유리하다. 배달 주문을 하는 경우에는 배달 주소를 통해 손쉽게 알 수 있지만 고객이 직접 매장으로 찾아오는 경우에는 주소를 알 수 없기 때문에 임의의 거리를 지정해 학습력이 높은 거리를 선택하기도 한다. 이러한 문제를 해결하기 위해 카드사를 통해 구매자의 집 주소 데이터를 익명화(상세 주소를 삭제하고 아파트 단지, 혹은 100m × 100m 격자 형태로 가공)해 확보하거나 포인트 적립을 제시하며 주소를 확보하기도 한다.

상가의 영향 범위가 정해지면 영향 범위 내에 존재하는 모든 잠재 고객 정보를 필요로 한다. 단순히 몇 명이 거주하는지 정도를 넘어서 개인적 성향을 파악할 수 있는 구체적인 정보를 확보할수록 학습률이 올라간다. 예를 들어 거주 인구의 경우에는 연령대, 성별뿐 아니라 소득 수준, 자산 규모, 세대 구성이나 소비 성향 등 공공과 민간을 통해 확보 가능한 데이터가 무궁무진하다. 이러한 잠재 고객의 개별 특징은 실제 매출 정보를 통해 우리 브랜드를 실제 구매하는 고객의 특징을 추출하기 위해 반드시 필요한 정보다.

영향 범위 내의 모든 고객이 내 제품을 구매한다면 좋겠지만 시장에는 항상 경쟁 제품들이 존재한다. 따라서 매출액 예측에서 경쟁사와 집객 혹은 보완재 역할을 하는 타 매장과의 관계 분석도 반드시 필요하다.

경쟁사의 매출까지 파악할 수 있다면 좋겠지만, 그게 어렵다면 매장의 위치와 개업 시기 규모 정도만 확보해도 학습에 상당한 도움을 줄 수 있다. 행정안전부의 인허가 데이터와 각종 포털의 POI(Point of Interest, 지도 검색 정보를 제공하는 서비스)를 활용하면 다른 매장들의 정보를 확보하기 편하다. 매출액 정보는 카드사를 통해 개별 매장이 아닌 블록 내 동일 업종 매출액 평균 등을 구매해 활용할 수 있다.

모형의 활용

학습된 모델은 이제 우리 브랜드가 어느 시장에서 얼마의 매출을 낼 수 있는지를 이해하게 되었다. 학습된 모델을 활용하면 여러 가지 측면에서 빅데이터를 활용할 수 있다.

첫째로 신규 매장의 예상 매출액을 예측할 수 있다. 아직 진입하지 않은 시장이지만 상가의 위치를 바탕으로 영업이 미치는 범위를 계산하고 범위 내의 잠재 고객 정보를 추출한 후 경쟁자와 집객 시설 등을 고려해 예상 매출액을 계산할 수 있다. 세분화된 모델을 사용하면 매장의 전체 매출액뿐 아니라 구체적인 타깃 아파트 단지나 기업 등 진입 후 지역 마케팅 전략 수립을 위한 구체적인 데이터를 확보할 수 있게 된다.

둘째로 기존 매장의 잠재 고객을 찾아낼 수 있다. 매장을 개발하고 오랜 기간 지역 시장에서 영업을 하더라도 영업 범위의 모든 시장의 변화를 예민하게 모니터링하고 전략을 수정하며 적용하기는 어렵다. 따라서 적시성 있는 빅데이터를 활용하면 시장의 변화를 쉽게 모니터링해 지역 마케팅 전략을 수정할 수 있을 뿐 아니라,

제대로 도달하지 못하는 잠재 고객을 찾아내 매출을 개선할 수도 있다.

잠재 고객의 정보는 모형을 통해 배후지 고객별 매출액을 추정하고 실제 매출 정보와 비교해서 얻을 수 있다. 모형에서 제안하는 매출액은 학습 과정을 통해 전국의 매출 방식을 학습한 결과이기 때문에 개별 매장의 점장과 직원들 그리고 지역 마케팅 전략 등의 차이를 반영하지 못한다. 따라서 기존 매장의 경우에도 아직 숨어 있는 잠재 고객이 존재하고, 데이터 분석을 통해 이를 발견해 매출액 증대를 이룰 수 있다.

마지막으로 모형은 다양한 변수를 활용해 딥러닝 알고리즘이라는 블랙박스 모형을 이용해 학습했지만, 최근에는 설명 가능한 인공지능(XAI, eXplainable AI) 기술의 발전으로 복잡한 모형에 다양한 데이터를 변형해 입력해 봄으로써 개별 입력 변수들의 민감도와 영향력을 추정해 볼 수 있는 기술들이 다수 제공되고 있다. 예를 들면 많은 변수를 이용해 상권의 매출액을 예상한 결과만 제시하던 방식에서 설명 가능한 인공지능을 이용하면 해당 지점의 매출을 견인하는 핵심 배후지 인구의 특성을 제시할 수 있다. 가령 특정 지역은 30대 여성이 매출의 주요 변수이지만 다른 지역에서는 20대 남성이 중요 변수로 적용될 수 있다.

인공지능은 이렇게 비선형적 관계를 학습하기 때문에 모든 지점에서의 변수 영향도를 제시하기보다는 개별 지점에서의 영향도를 해석적으로 보여 주는 방식으로 모형을 구현하게 된다. 이를 잘 활용하면 우리는 경쟁사별 경쟁 강도의 변화를 시계열적으로 분석할 수 있고, 핵심 고객층의 특징과 비 고객층의 특징 등을 추출할 수도 있다.

이러한 학습이 완료된 모델의 분석을 통해 도출 가능한 정보들을 활용하기 위해서는 모델을 정기적으로 재학습시키는 것이 필수적이다. 실제 계절적 요인 혹은 고객의 트렌드 변화 혹은 특정 브랜드의 영향력 변화 등은 수시로 발생하기 때문에, 모형이 정기적인 재학습을 통해 이를 모니터링할 필요성이 있다.

이렇게 하나의 매출 예측 모형도 빅데이터를 통해 세분화된 정보를 활용하고 적시성 있는 데이터를 바탕으로 복합적인 관계를 학습해 낼 수 있다면 다양하게 활용할 수 있게 된다.

모형이 더 발전할수록 과거 노하우를 축적한 전문가 수준의 분석 결과를 제시할 수 있다. 그뿐만 아니라 기업의 장기적인 관점에서는 시스템적으로 지역 상권의 분석 노하우를 집적하고 유지할 수 있다는 강력한 장점이 있다.

08
데이터와 인공지능의 한계

인공지능 기술이 뛰어나도 데이터가 없으면 제대로 된 결과를 제공하지 못한다. 상권 분석에 필요한 데이터는 많지만 시장에서 구할 수 있는 데이터는 제한적이다. 활용 가능한 데이터들의 한계를 이해하고 향후 데이터 시장의 발전 방향을 모색해 본다.

AI와 한의학?

데이터의 발생과 한계

데이터는 공급 주체에 따라 공공데이터와 민간데이터로 나뉜다. 공공데이터는 정부 주도로 공개되는 데이터로 대부분이 행정 처리 과정에서 발생한다. 공공데이터의 장점은 전국을 대상으로 전체 데이터를 제공받을 수 있고 일부 데이터는 오류를 자체적으로 자정할 수 있는 행정 절차가 존재해 상당히 깨끗한 정보를 얻을 수 있다는 점이다. 그러나 상권에서 가장 중요한 고객과 돈의 흐름을 파악하기 어렵다는 한계가 있다.

민간데이터는 이와 달리 기업과 소비자 간의 접점인 거래와 서비스 제공 과정에서 발생하는 데이터가 대부분을 차지한다. 장점으로는 가장 필요로 하는 정확한 거래 내역과 매출 정보를 확인할 수 있고, 실제 고객들의 상품과 서비스에 대한 의사결정을 정확히 이해할 수 있다는 점을 들 수 있다. 반면 민간 기업들은 대부분 경쟁을 통해 매출을 발생시키기 때문에 일부 브랜드와 상품에 대한 샘플만을 얻을 수 있다는 점은 단점으로 꼽을 수 있다. 또한 민간 기업들은 경쟁을 위해 내부 데이터 공개를 꺼리기 때문에 실제 핵심적인 데이터를 확보하기도 쉽지 않다.

따라서 우리는 원하는 데이터를 얻을 수 없을 때 다른

여러 데이터들을 연결하고 인공지능을 활용해서 데이터를 새롭게 만들어서 쓸 필요가 있다. 과거에는 통계적 기법을 이용해 일부 표본 데이터로 상권 지수, 소비자 지수 등을 만들어서 분석에 활용했다. 최근에는 인공지능 기술을 활용해서 더 복잡하고 협소한 지역을 대상으로 시세, 상권, 매출 지수 등을 개발해 분석에 활용하고 있는 추세다.

물론 기업의 내부 데이터나 실제 현장의 정보를 이용하면 더 정확한 분석이 가능하겠지만 데이터의 확보 비용이 너무 높아져서 배보다 배꼽이 더 커질 수 있고, 데이터의 확보 시간도 상당히 오래 걸리기 때문에 타이밍을 놓쳐서 쓸모없는 분석이 될 수도 있다. 시장에서 저렴한 가격으로 쉽게 구할 수 있고 최신 정보를 적시에 제공받을 수 있는 데이터를 중심으로 인공지능 상권 분석 기술을 연구해야 비용 대비 효익이 높은 기술 개발이 가능하다.

데이터 인프라 환경 문제

전기 제품이 발전하고 확산되기 위해서는 전기가 끊기지 않고 공급되는 인프라가 반드시 필요했다. 인터넷 서비스가 확산되기 위해 초고속 통신망이 전국에 설치되었고, 스마트폰이 확산되기 전에 고속 무선 통신 인프라가 갖추어졌다.

데이터를 실무에서 사용하기 위해서는 안정적인 데이터 인프라가 선행되어야 한다. 공공데이터 분야는 국가에서 상당한 기간 동안 안정적인 공급 체계를 구축하기 위해 노력해 왔다. 그러나 아직도 공공데이터 공급 과정에서 다양한 오류와 문제들이 발생하고 있고 이를 개선하기 위한 인프라 개선은 아직 요원한 상황이다. 한편 민간데이터 분야는 대부분의 기업들이 본업이 있고 이 과정에서 파생되는 데이터를 모아서 개방하는 것이기 때문에 데이터의 지속적이고 안정적인 공급에 대한 확고한 믿음이 시장에 존재하지 않는다.

민간데이터는 언제든 공급이 중단될 수도 있고, 공급비용이 변할 수도 있으며, 개방되는 데이터의 형태가 변할 수도 있다. 이러한 리스크로 인해 데이터를 활용하는 기업 입장에서는 핵심 프로세스를 데이터에만 맡기기 불안할 수밖에 없다.

따라서 데이터의 안정적인 활용과 확산을 위해서는 다양한 측면에서 시장이 발전하고 성숙해져야 한다. 하지만 현재는 법률적인 안전성이 부족하다. 데이터 공급 계약과 다툼에 대한 판례가 부족하고, 데이터 공급과 관련한 규제 기관이나 정책 기관도 부족하다.

데이터 가격도 마찬가지다. 현재의 데이터 공급 가격은 정부의 지원 사업에 의해 왜곡되어 있다. 공급자는 데이터의 공급 비용이 과대해지는 것을 방지하기 위해 제한된 데이터만을 공급하고 있고, 소비자는 아직 데이터를 통해 충분한 부가가치를 만들어 내지 못해서 적정한 가격을 책정하기 어렵다. 초기 데이터 시장이 가지는 이러한 문제점들은 우리가 데이터와 인공지능의 적극적 도입을 망설이게 만드는 요소다. 국가 차원의 데이터 인프라 발전이 필요한 상황이다.

인공지능 친화적인 AI Ready Data

최근 많이 회자되는 데이터 개념 중에 AI Ready Data라는 개념이 있다. AI Ready Data란 인공지능이 즉시 활용할 수 있는 상태로 제공되는 데이터를 뜻한다. 인공지능 기술이 빠르게 성장하면서 알고리즘이나 하드웨어의 성능 차이가 사라지고 대부분이 학습에 사용되는 데이터 차이로 승부가 가려지고 있다. 예전 기계 학습 시절엔 Machine Readable Data라고 표현했던 개념에서 실시간 추론(inference) 과정을 통해 서비스로 진화한 인공지능 시대에는 적시성과 일관성 등이 추가된 형태로 발전한 개념이다.

AI Ready Data는 아직 다양한 이론과 주장이 존재하지만 실제 서비스를 하면서 중요하게 보는 포인트는 6가지로 나뉜다.

첫째, 정확성(Accuracy)이다. 데이터가 실제 현실을 얼마나 정확하게 반영할 수 있는가를 뜻한다. 설문조사를 하거나 조사원의 주관이 포함된 조사 데이터는 분석 과정에서 편의(Bias)를 일으킨다. 센서 데이터도 센서의 오작동 불량 등으로 잘못 확보되기도 한다. 이러한 정확성을 잘 유지하기 위해 다양한 기술과 점검, 관리 능력이 필요하다.

둘째, 완전성(Completeness)이다. 분석 대상이 되는 전체 모집단에 대해서 모두 데이터를 확보할 수 있는 게 가장 좋다. 기계 학습은 통계적 가정을 통해 표본을 분석하여 모집단을 분석하는 방식이 아니고 관측된 모든 데이터의 패턴을 찾아내서 일반화하는 방식이다. 일반화 과정은 엄청난 복잡계도 설명할 수 있게 하므로 데이터를 다 보여 주는 게 가장 좋다. 만약 서울의 상권 정보만 가지고 지방의 상권을 분석한다고 하면 분명히 문제가 발생한다. 따라서 전체 데이터를 확보하기 위한 노력이 필요하다.

셋째, 일관성(Consistency)이다. 과거에 확보한 데이터를 바탕으로 우리가 학습(Training)하고 미래에는 새롭게 확보한 정보를 바탕으로 추론(Inference)하기 때문에 과거와 미래에 동일한 형태의 데이터가 들어와야 한다. 만약 과거에 아메리카노의 코드가 1100이었는데 중간에 이를 세분화하기 위해 원두 종류별로 1101, 1102, 1103으로 분리했고 이를 인공지능에 전달하지 않았다면 인공지능은 추론 과정에서 아메리카노의 판매가 누락되면서 과거의 학습 패턴이 모두 망가지는 문제에 봉착하게 된다. 이러한 일관성을 유지하기 위해서 데이터 거버넌스를 수립하고 데이터 변화에 예민하게 반응할 필요가 있다.

넷째, 관련성(Relevance)이다. 인공지능에 활용되는 데이터에 AI Ready 수준을 높이기 위해서는 많은 비용과 시간을 필요로 한다. 그런데 분석 목적과 관계가 없는 데이터를 AI Ready 상태로 유지하기 위해 많은 비용을 들이게 되면 안 된다. 이를 위해서 정말 의사 결정에 활용할 알고리즘을 만들고 알고리즘에 영향도가 높은 데이터 중심으로 AI Ready 상태를 유지하기 위해 비용과 시간, 노력을 들이는 게 중요하다.

다섯째, 적시성(Timeless)이다. 우리가 상권을 분석하는 인공지능이 작년이나 재작년의 데이터로 분석한 상권 정보를 제공한다면 당장 다음 달에 가게의 입지를 분석하는 입장에서는 아무 쓸모가 없다. 가장 최근 오히려 미래의 시장 변화까지 담고 있는 데이터를 확보하는 게 상권 분석 입장에서는 절실하다. 따라서 적시성은 인공지능 학습 단계보다는 추론 즉 서비스 활용 단계에서 가장 필수적인 요소다. 하지만 적시성 있게 시장의 정보 특히 전국적이고 세밀한 정보를 확보하기에는 상당한 비용이 수반된다. 따라서 인공지능 활용 횟수, 범위에 맞춰서 그리고 인공지능 의사 결정이 미치는 비용의 파급성 등을 고려해서 적시성을 높이기 위해 끊임없이 노력해야 한다.

마지막 여섯 번째는 윤리성(Ethicality)이라는 다소 포괄적인 내용인데 개인정보 보호와 불법적인 데이터 수집이 발생하지 않기 위해 노력해야 한다. 힘들게 도입한 인공지능 기술이 윤리적 문제로 사용하지 못하게 되는 문제를 방지하기 위해서다.

09
데이터 리터러시

데이터의 시대가 시작되고 있다. 많은 업종의 사람들이 데이터를 이해하고 기술을 적극적으로 활용해야 치열한 경쟁에서 승리할 수 있는 시대가 다가오고 있다.

AI와 화장품?

데이터 문해력

데이터 리터러시(Data Literacy)는 한국말로 데이터 문해력으로 해석된다. 데이터 문해력은 데이터를 해석하고 활용할 수 있는 능력을 말한다. 인공지능 기술을 결합해 업무를 수행하기 위해서는 필수적인 역량이다.

과거에는 데이터의 분석과 활용이 분리되어 분석 전문가인 데이터사이언티스트가 분석한 결과를 실무자가 활용하고 새로운 분석이 필요하면 다시 전문가에게 요청하는 방식으로 운영되었다. 그러나 앞으로는 실무자가 스스로 분석이 가능한 수준의 데이터 문해력을 갖출 필요가 있다.

데이터 문해력을 기르기 위해서는 데이터 처리를 위한 데이터베이스 기술, 대용량 데이터를 분석하기 위한 통계학과 기계학습, 인공지능 기술을 익혀야 하고, 이를 활용하기 위한 상권 분석 분야의 전문 지식(Domain Knwoledge)을 두루 갖춰야 한다.

데이터 협업

상권 분석은 새로운 점포를 개설하거나 기존 점포를 이전하는 등 분석 결과에 따라 상당한 자본 투입을 필요로 하는 의사결정을 목적으로 하고 있다. 그런데 인공지능,

특히 딥러닝 기술의 경우 예측 과정을 이해하기 어렵기 때문에 활용하기 쉽지 않다. 의사결정에 참여하는 많은 동료들이 모두 데이터 문해력과 모델 신뢰를 가지고 있어야 활용이 가능하다.

설명 가능한 인공지능(eXplainable AI)은 최근 인공지능의 동작 원리를 파악하고 이해하기 위해 제시된 용어다. 모델 학습 이후에 다양한 데이터를 입력해 민감도 분석 결과를 제시하거나, 모델의 구조를 시각적으로 제공해 모델을 이해할 수 있게 하는 등 다양한 시도를 하고 있다.

상권 분석에서 데이터를 활용하기 위해서는 무엇보다 사용자들은 공간 데이터에 대한 이해도가 높아야 한다. 상권의 핵심은 공간에 분포한 고객과 점포의 관계이기 때문에 공간 데이터의 이해가 필수적이다.

다음은 데이터의 차원에 대한 이해가 필요하다. 상권 분석에 활용되는 데이터는 많은 정보를 담고 있다. 가령 인구 정보만 해도 성별, 연령별 정보와 소득 수준, 신용 정보 등이 결합된 복합적인 형태로 구성된다. 만약 구매 이력까지 있다면 구매 상품 이력까지 합쳐져서 상당히 고차원의 데이터(엑셀의 경우 행의 개수가 많은 데이터)가 만들어진다.

고차원 데이터는 인공지능에는 의미를 찾아내고 분석하기에 매우 좋은 환경을 제공하지만 사람에게는 가장 이해하기 어려운 결과를 제공한다. 따라서 고차원 정보를 저차원 정보로 축소해 의미를 부여하는 과정이 필요하다.

쉽게 말해서 연령별, 성별 소득 수준의 정보를 모아서 모델링을 하는 경우 고소득 배후지, 중소득 남성 배후지, 중소득 여성 배후지, 저소득 저연령 배후지 등 다양한 형태의 그룹이 만들어질 수 있다. 이렇게 만들어진 그룹으로 데이터를 이해하면 차원이 축소되어 데이터를 이해하고 활용하기 수월해진다. 다만 이러한 그룹을 만드는 과정은 사람에 의해 이루어지는 게 아니고 인공지능 모델의 설계를 통해 이루어져야 한다. 그렇게 하지 않으면 우리 상품과 무관한 소비자 그룹을 만들어 낼 수 있기 때문이다.

인공지능 기술에서는 이러한 차원의 축소를 위해 인코딩 혹은 계층형 네트워크 등 다양한 방식을 활용할 수 있다. 다만 차원의 축소가 데이터의 범위를 제한하는 목적이 아니라 사용자인 사람의 이해도를 높이기 위한 목적으로 활용되기 때문에, 성능의 저하는 발생할 수밖에 없다. 성능의 저하를 감당하더라도 데이터와 함께 일할

동료들의 신뢰도와 협업 체계가 마련된다면 오히려 더 높은 가치를 가질 것이다.

LLM의 발전과 데이터 문해력의 변화

OpenAI가 포문을 연 대형 언어 모델(Large Language Model) 시장은 Anthropic의 Claude와 Google의 Gemini, Meta의 LLAMA 등 다양한 서비스가 출시되어 엄청난 성장세를 보여 주고 있다. 빅테크 기업 외에도 중국의 Qwen, Deepseek 등 다양한 오픈 소스도 시장에 공개되면서 우리의 선택권이 점점 늘어나고 있다.

다양한 LLM 엔진이 출시되면서 LLM과 LLM 간에 그리고 LLM과 데이터 간의 연결을 표준화하고자 하는 노력들을 보이고 있다. LLM과 데이터 간에는 RAG(Retrieval Augmented Generation)라고 하는 증강 생성 기술 즉 외부 데이터나 툴을 이용해서 LLM이 학습에 활용되지 않은 정보들도 이용해서 답을 할 수 있게 하는 기술이 발전했다.

여기에 한걸음 더 나아가서 Anthropic이 MCP 기술을 통해 외부 데이터와 LLM을 연결하는 표준을 제시했고 많은 LLM 서비스가 이를 받아들였다.

LLM 간에는 AI2AI라는 기술을 Google에서 발표하면서 에이전트 기술 즉 다양한 LLM이 서로 협력하여 문제를 해결하고 답변을 주는 기술로 발전해 나가고 있다.

이러한 LLM의 발전은 과거에 데이터베이스 기술과 분석 기술에 대한 상당한 문해력을 바탕으로만 할 수 있었던 인공지능 활용의 벽을 완벽히 무너트리고 있다. 최근에는 전문 기술이 하나도 없어도 빅데이터만 체계적으로 확보되어 있으면 대화를 통해 목적한 분석과 결과를 모두 획득할 수 있는 수준으로 발전했다. 그러나 아직은 초기 단계이고 체계적으로 확보된 빅데이터가 존재하지 않는다는 문제가 있다.

앞서 말한 AI Ready Data 상태의 데이터가 충분히 많이 있어야 하고 이러한 Data의 체계를 설명할 수 있는 정보가 필요한데 온톨로지와 같은 기술이 각광을 받고 있는 상황이다. 아직은 많은 발전이 필요한 상황이다.

그러나 현재 수준에서도 과거에 비하면 데이터 문해력이 부족해도 충분히 분석이 가능한 상황이고 앞으로 지속적인 발전을 통해 문해력의 기준이 많이 바뀔 것으로 보인다. 이러한 변화 과정을 통해 상권 분석 분야에서도 과거와 달리 데이터와 인공지능을 통해 분석하고 판단하고 경쟁에서 승리하는 많은 사업자가 나올 것으로 기대된다.

10
상권 분석의 미래

인터넷 쇼핑몰은 방문 통계를 마케팅과 서비스 개선에 활용하면서 엄청난 속도로 성장했다. 오프라인 상권도 데이터 기반 상권 분석이 매장과 서비스, MD 구성에 영향을 준다면 새로운 변화가 일어날 것이다.

종교와 AI?

그로스 해킹

그로스 해킹(Growth Hacking)은 2000년대 인터넷 스타트업 기업들이 자사의 홈페이지에 방문하는 고객들에게 더 높은 성장 퍼포먼스를 제공하고자 고안한 마케팅 기법이다. 그로스 해킹은 방문자의 측정에서 시작한다. 방문자들이 사이트를 어떤 채널로 방문해서 어떤 경로로 구매 페이지로 이동하고 마지막으로 구매까지 걸리는 시간이 얼마인지 등을 꼼꼼하게 측정한다. 측정된 정보를 바탕으로 고객의 탈출이 많은 페이지, 병목이 발생하는 구간 등을 종합적으로 분석해 사이트를 개편하거나 고객별 맞춤 페이지를 제공하는 등 다양한 실험을 진행한다. 실험의 결과가 좋으면 이를 메인 서비스에 반영해 다시 성능을 측정하기를 반복하는 과정으로 서비스를 운영한다.

그로스 해킹이 확산되면서 인터넷 서비스는 빠른 실행과 피드백, 지속적인 성장이 핵심 메커니즘이 되었다. 이 결과 승자 독식으로 온라인 시장이 재편되는 현상을 보였다. 사용자는 원하는 결과를 가장 빠르게 제공하는 서비스만 사용하는 경향을 보였다.

우리가 사용하는 대부분의 모바일 서비스는 이러한 그로스해킹의 산물이다. 페이스북의 경우 더 나은 서비스와 알고리즘의 측정을 위해 회원들을 수백, 수천 개의 집단으로 나누어 서로 다른 결과물을 보여 주고 클릭률을 측정한다. 토스뱅크, 카카오와 같은 수많은 모바일 서비스들은 오랜 기간의 테스트와 그로스해킹을 통해 최적의 버튼 크기와 위치를 찾아냈고, 누가 접근하더라도 가장 높은 확률로 고객이 구매 버튼을 누르도록 변화했다.

오프라인 매장에서도 이와 유사한 실험을 위해 다양한 기술 연구가 이어지고 있다. 대형 마트에서는 최근 CCTV를 이용해서 고객의 성별과 연령대를 추정하고 그들이 어떤 구역으로 이동해 제품을 보는지, 제품을 집는지 등을 데이터베이스화해 온라인 그로스해킹에 가까운 분석을 제공하는 스타트업 기술을 실험했다. 이 외에도 상점 내부에 위치한 와이파이 기기들을 이용해서 대형 쇼핑몰 내에서 인구의 이동을 추적하거나 분석하는 기술들도 여러 스타트업에서 개발하고 대기업을 중심으로 테스트를 진행하고 있다.

상권 분석의 발전

온라인과 모바일 서비스의 장점은 모든 과정이 전산화되어 있어 100% 측정이 가능하다는 점이다. 반면 오프라인 점포는 모든 정보를 측정하고 관리하기에는 한계가 있다.

현재의 상권 분석은 부족한 정보를 바탕으로 최대한 의미를 도출해 지역 환경과 소비자의 차이를 구분해 파악하고 공간적 접근성을 수치화해 분석하는 수준에 그치고 있다. 그러나 수집되는 데이터와 활용 가능한 데이터가 지속적으로 늘어나고, 산업 참여자의 데이터 활용 역량이 높아지면 새로운 데이터의 수요로 인한 수집 기술이 빠르게 성장할 수 있다. 새로운 데이터와 오프라인 자동화의 가속화는 온라인에 버금가는 고객 경험과 적응력을 제공할 수 있을 것이다.

이러한 변화는 상권 분석이 단순히 실적 정보와 환경 데이터를 결합한 사후적인 분석을 통해 상권과 매출 원리를 파악하는 수준을 넘어서, 선제적으로 변화를 감지하고 예민하게 상품과 서비스를 변환할 수 있게 해서 지역 점포를 새롭게 재구성할 것이다. 지역 상권은 편의점과 다이소, 올리브영과 같은 다품종 점포가 과거의 다양한 업종을 흡수해 통합해 나가고 있다. 만약 데이터 기반의 상권 분석이 지속적인 발전을 거듭한다면 더 많은 업종이 하나의 브랜드로 통합되어 고객이 지역의 점포 경험을 독점하는 시대가 열릴 수 있을 것이다.

로켓배송과 같은 1일 단위 배송을 넘어 시간대 단위로 접근 고객에 맞춘 최적 서비스와 상품을 즉시 제공하게 되고, 데이터 분석을 통한 최적화된 재고 구성과 인력 배정으로 같은 공간에서 최대의 효과를 창출하는 인공지능이 작동하게 된다. 또한 무인화된 자동화 점포에서 다양한 상품들이 하나의 브랜드로 묶이게 된다. 가령 제품을 판매하는 편의점, 슈퍼, 패스트푸드 등의 매장과 개인화된 서비스를 제공하는 안경점, 미용실 등이 모두 하나의 브랜드를 통해 토털 서비스로 변화할 수 있다. 온라인 브랜드도 현재 독점적 지위를 통해 비용을 최소화하고 더 저렴한 가격에 고객에게 도달하기 위해 노력하듯이 오프라인 매장도 결국 데이터와 인공지능 기술을 통해 더 효율적으로 관리하는 브랜드가 시장을 독점할 가능성이 매우 높다.

물론 아직 먼 미래의 이야기다. 현재까지도 데이터와 인공지능 기반의 상권 분석이 가능한 기업은 손에 꼽을 정도이고, 데이터와 인공지능 기술 그리고 무엇보다 데이터 리터러시를 보유한 상권 전문가가 시장에 확산되기까지 상당한 시간이 필요하다. 또한 이러한 변화는 단순히 국내의 점포 체인 수준에서는 효익의 한계가 존재할 것으로 예상되기 때문에 아시아 전역에 걸친 점포 체인을 목표로 투자와 연구가 필요한 수준이다.

상권 분석 분야에 뛰어들기 위해서는 이제부터 데이터 중심의 상권 분석과 데이터 분석 기술에 대해 집중적으로 연구할 필요가 있다. 온 · 오프라인이 모두 데이터 기반으로 변화하는 데는 오랜 시간이 걸리겠지만, 쿠팡이 로켓배송으로 순식간에 시장을 점령했듯 오프라인 매장도 한번 임계치를 넘어서면 우리가 모르는 새 빠른 속도로 변화할 가능성이 높다. 이에 데이터와 인공지능 기반의 상권 분석에 더욱 집중할 필요가 있다.

구름

빅데이터와 인공지능 기술의 산업 확산에 집중하는 빅밸류의 대표이사다. 도시공학 분야의 인공지능 확산을 위해 한양대학교 도시공학과 겸임교수로 석박사 학생들을 가르치고 있다. AVM협의회(금융권에서 많이 사용하는 인공지능 시세 공급 기업들의 모임)의 회장을 맡고 있으며, 국가데이터정책위원회 보호·활용 분과 전문위원을 맡고 있다. 과거 교보증권과 KTB투자증권에서 부동산 자산유동화 업무를 담당했으며, 이데일리 금융공학연구소 등 여러 기업에서 데이터 분석가로 일했다.